Impressum
Verlag: BABADADA GmbH, Nedderfeld 112 , 22529 Hamburg
Geschäftsführer / Verlagsleitung: Harald Hof
Druck: Books on Demand GmbH, In de Tarpen 42, 22848 Norderstedt

Imprint
Publisher: BABADADA GmbH, Nedderfeld 112 , 22529 Hamburg, Germany
Managing Director / Publishing direction: Harald Hof
Print: Books on Demand GmbH, In de Tarpen 42, 22848 Norderstedt

學校

skole

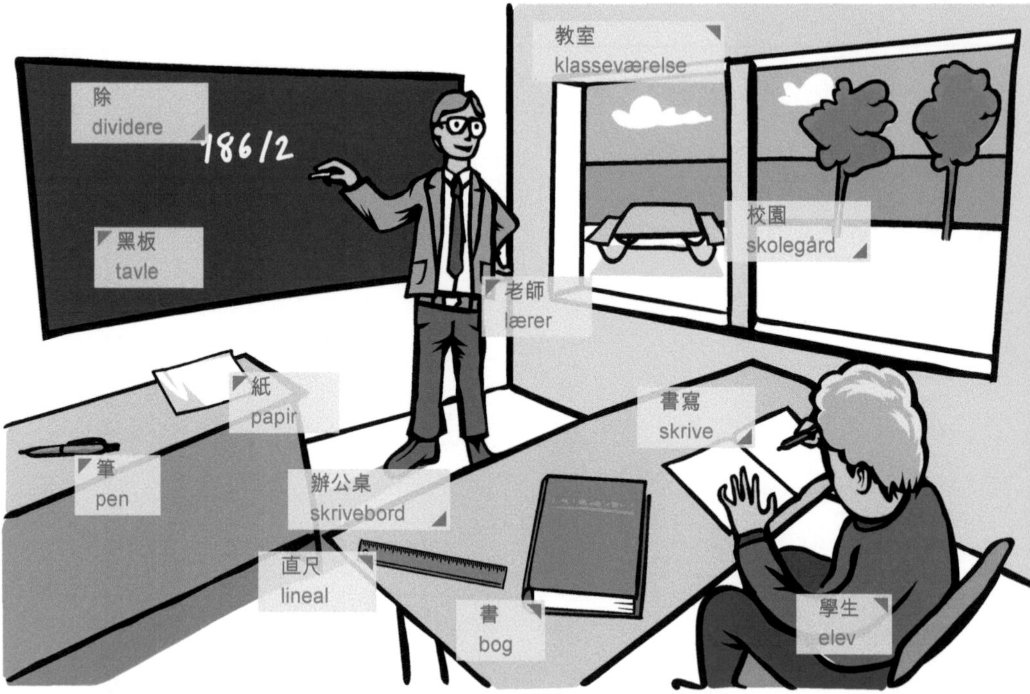

教室
klasseværelse
除
dividere
186/2
黑板
tavle
校園
skolegård
老師
lærer
紙
papir
書寫
skrive
筆
pen
辦公桌
skrivebord
直尺
lineal
書
bog
學生
elev

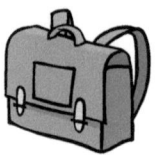

書包

skoletaske

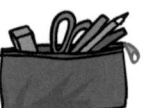

鉛筆盒

penalhus

鉛筆

blyant

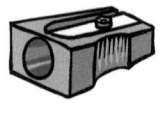

削鉛筆機

blyantspidser

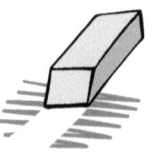

橡皮擦

viskelæder

畫板

tegneblok

圖畫
tegning

畫筆
pensel

顏料盒
æske med vandfarver

剪刀
saks

膠水
lim

練習冊
opgavehefte

家庭作業
lektie

12

數字
tal

2+2

加
addere

5-2

減
subtrahere

2×2

乘
multiplicere

計算
regne

A

字母
bogstav

ABCDEFG HIJKLMN OPQRSTU VWXYZ

字母表
alfabet

hello

字
ord

課文

tekst

讀

læse

粉筆

kridt

上課

time

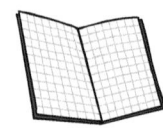

登記

klasseprotokol

考試

eksamen

證書

karakterbog

校服

skoleuniform

教育

uddannelse

百科全書

leksikon

大學

universitet

顯微鏡

mikroskop

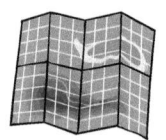

地圖

kort

廢紙簍

papirkurv

旅行

rejse

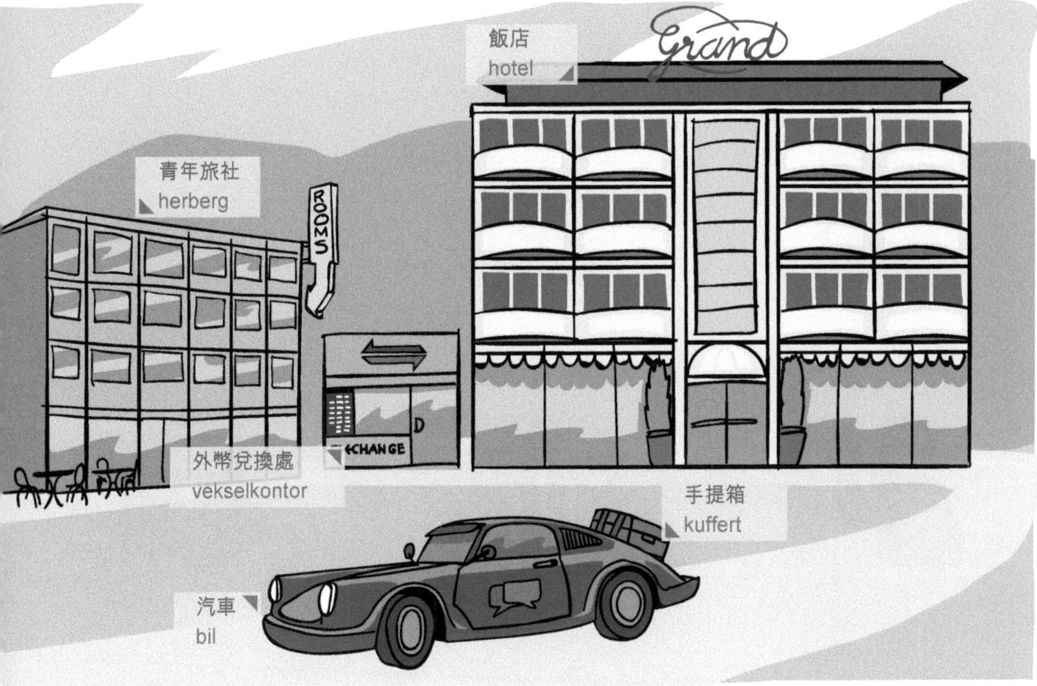

飯店
hotel
Grand
青年旅社
herberg
ROOMS
外幣兌換處
vekselkontor
CHANGE
手提箱
kuffert
汽車
bil

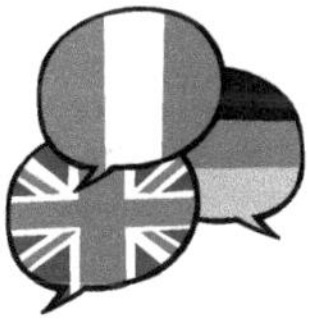

語言

sprog

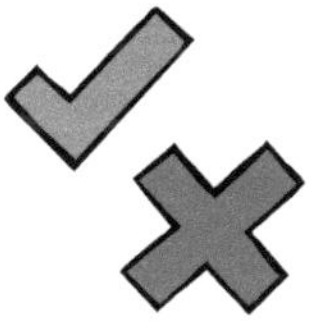

是/否

ja / nej

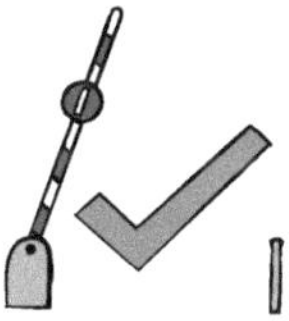

好的

okay

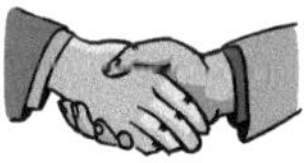

您好

hej

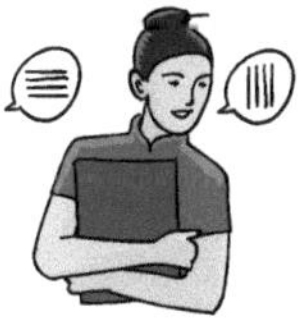

翻譯人員

oversætter

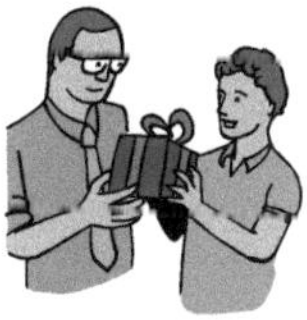

謝謝

tak

……多少錢？

hvad koster…?

我不明白

Jeg forstår ikke

問題

problem

晚上好！

God aften!

早上好！

God morgen!

晚安！

God nat!

再見

farvel

方向

retning

行李

bagage

包

taske

背包

rygsæk

客人

gæst

房間

værelse

睡袋

sovepose

帳篷

telt

旅行資訊
turistinformation

海灘
strand

信用卡
kreditkort

早餐
morgenmad

午餐
middagsmad

晚餐
aftensmad

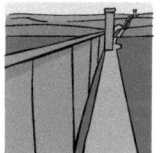

票
billet

電梯
elevator

郵票
frimærke

邊界
grænse

海關
told

大使館
ambassade

簽證
visum

護照
pas

交通運送
transport

飛機
flyvemaskine

船
skib

消防車
brandbil

卡車
lastbil

公車
bus

汽艇
motorbåd

汽車
bil

腳踏車
cykel

渡輪
færge

小船
båd

機車
motorcykel

警車
politibil

賽車
racerbil

租車
lejebil

拼車

samkørsel

拖車

kranbil

垃圾車

skraldebil

馬達

motor

汽油

benzin

加油站

tankstation

交通標識

trafikskilt

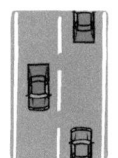

交通

trafik

交通堵塞

trafikprop

停車場

parkeringsplads

火車站

banegård

軌道

skinner

火車

tog

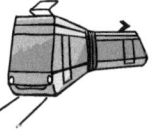

路面電車

sporvogn

客車廂

wagon

直升機

helikopter

機場

lufthavn

塔

tårn

乘客

passager

集裝箱

container

紙板箱

karton

手推車

kærre

籃子

kurv

起飛/降落

starte / lande

城市

by

村莊

landsby

市中心

bymidte

房子

hus

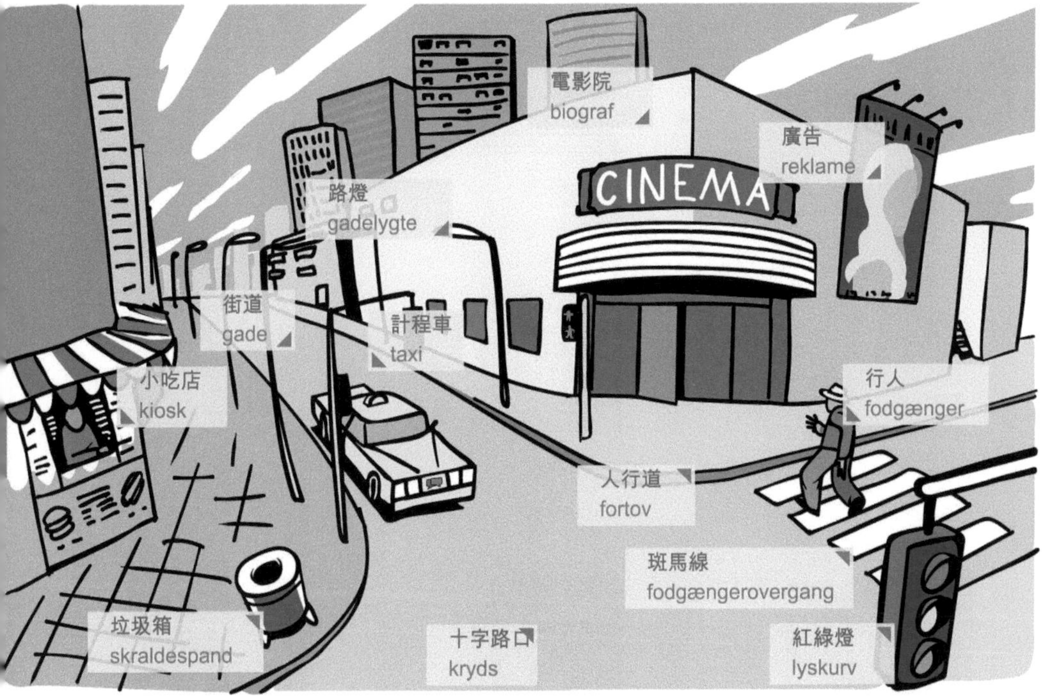

電影院
biograf
廣告
reklame
CINEMA
路燈
gadelygte
街道
gade
計程車
taxi
小吃店
kiosk
行人
fodgænger
人行道
fortov
斑馬線
fodgængerovergang
垃圾箱
skraldespand
十字路口
kryds
紅綠燈
lyskurv

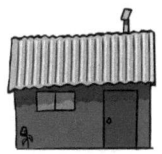

小屋

hytte

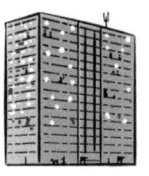

公寓

lejlighed

火車站

banegård

市政廳

rådhus

MUSEUM

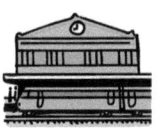

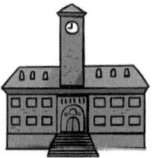

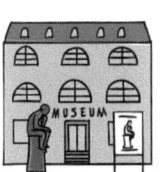

博物館

museum

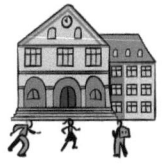

學校

skole

大學

universitet

銀行

bank

醫院

sygehus

飯店

hotel

藥房

apotek

辦公室

kontor

書店

boghandel

商店

butik

花店

blomsterbutik

超市

supermarked

市場

marked

百貨商店

stormagasin

魚店

fiskehandler

購物中心

butikscenter

海港

havn

公園
park

長凳
bænk

橋
bro

樓梯
trappe

捷運
undergrundsbane

隧道
tunnel

公車站
busstoppested

酒吧
barnevogn

餐館
restaurant

郵筒
postkasse

路標
vejskilt

停車計時器
parkometer

動物園
zoo

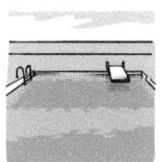

游泳池
badeanstalt

清真寺
moske

農場

bondegård

污染

miljøforurening

墓地

kirkegård

教堂

kirke

操場

legeplads

寺廟

tempel

地形
landskab

樹葉
blad

指示牌
vejviser

路
vej

草地
eng

石頭
sten

樹
træ

徒步旅行
者
vandrer

河
flod

草
græs

花
blomst

峽谷

dal

丘陵

bjerg

湖

sø

森林

skov

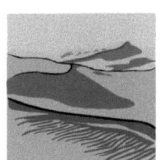

沙漠

ørken

火山

vulkan

城堡

slot

彩虹

regnbue

蘑菇

svamp

棕櫚樹

palme

蚊子

moskito

蒼蠅

flue

螞蟻

myre

蜜蜂

bi

蜘蛛

edderkop

甲蟲

bille

青蛙

frø

松鼠

egern

刺蝟

pindsvin

野兔

hare

貓頭鷹

ugle

鳥

fugl

天鵝

svane

野豬

vildsvin

鹿

hjort

麋鹿

elg

水壩

dæmning

風力發電機

vindmølle

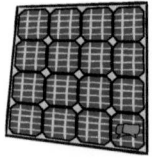

太陽能電池板

solcellemodul

氣候

klima

餐館
restaurant

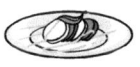

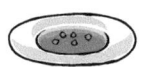

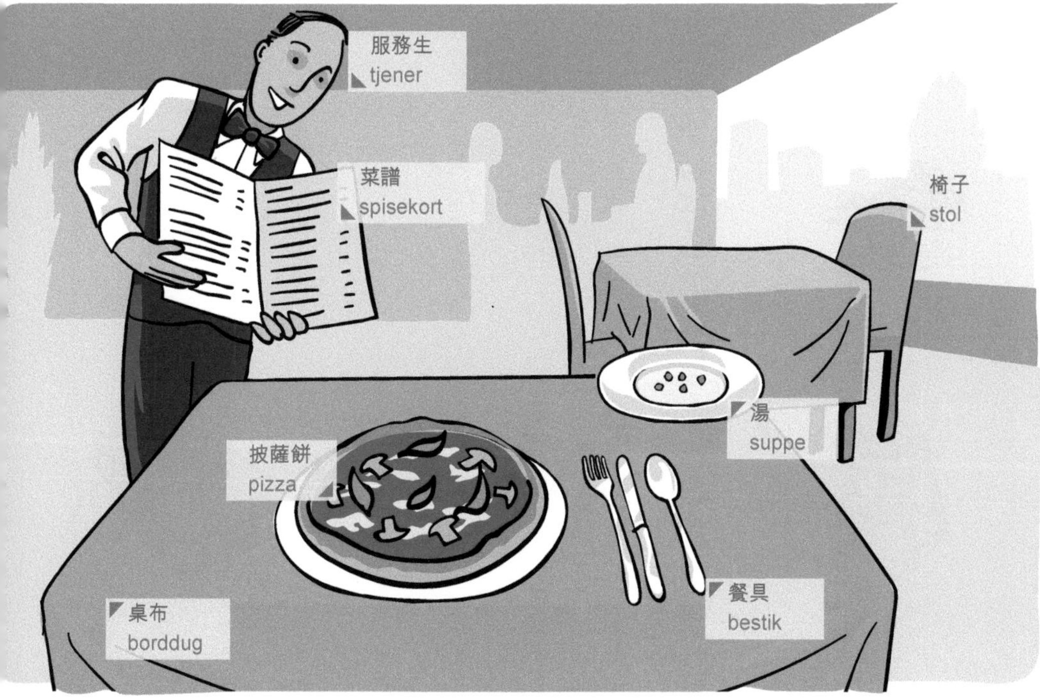

服務生
tjener
菜譜
spisekort
椅子
stol
湯
suppe
披薩餅
pizza
餐具
bestik
桌布
borddug

前菜

forret

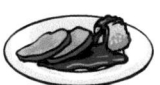

主菜

hovedret

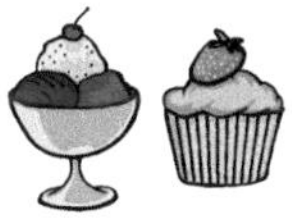

甜點

dessert

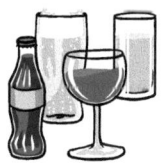

飲料

drikkevarer

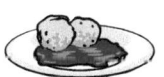

食物

mad

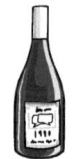

瓶子

flaske

速食

fastfood

街邊小吃

streetfood

茶壺

tekande

糖盒

sukkerdåse

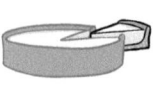

一份飯菜

portion

義式咖啡機

espressomaskine

高腳椅

barnestol

帳單

faktura

托盤

tablet

刀

kniv

餐叉

gaffel

勺子

ske

茶匙

teske

餐巾

serviet

玻璃杯

glas

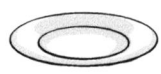

碟子
tallerken

湯盤
dyb tallerken

碟子
underkop

醬
sovs

鹽瓶
saltbøsse

胡椒研磨罐
peberkværn

醋
eddike

食用油
olie

調味料
krydderier

番茄醬
ketchup

芥末
sennep

美乃滋
mayonnaise

超市

supermarked

特價
tilbud
FOR
顧客
kunde
乳製品
mælkeprodukter
水果
frugt
購物車
indkøbsvogn

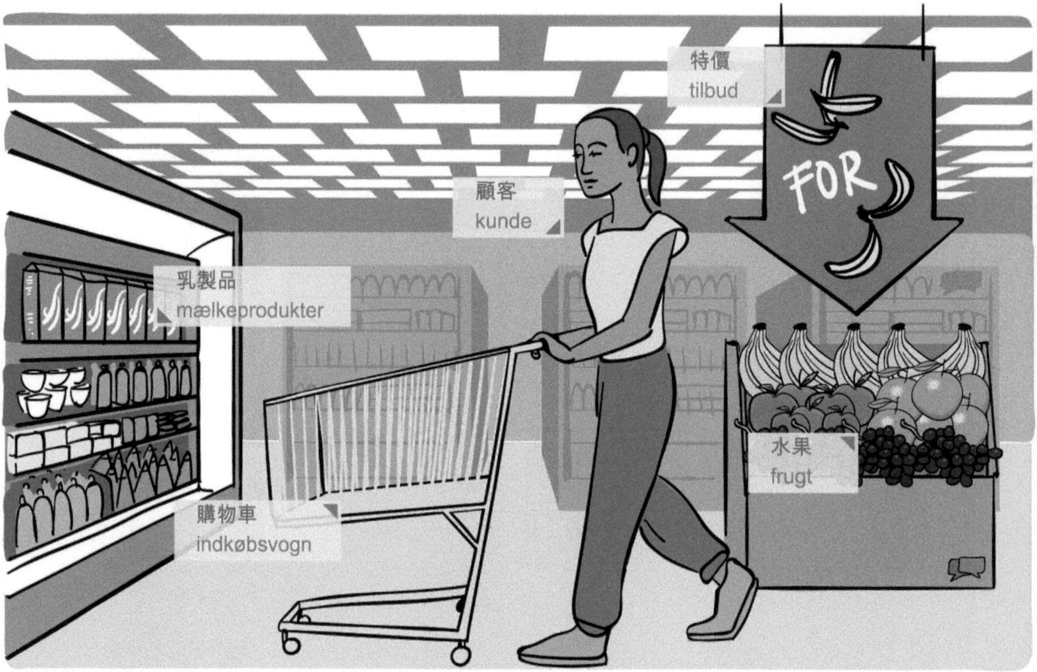

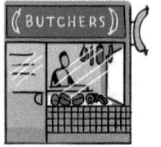

BUTCHERS

肉鋪

slagter

BAKERY

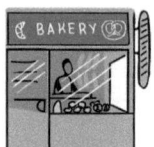

麵包店

bageri

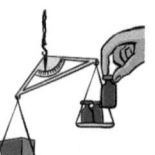

稱重

veje

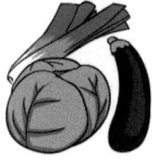

蔬菜

grøntsager

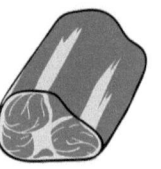

肉

kød

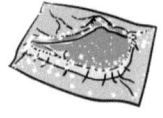

冷凍食品

frostvarer

冷盤

pålæg

罐頭食品

konserves

洗衣粉

vaskemiddel

甜食

slik

日用品

husholdningsvarer

清潔用品

rengøringsmidler

銷售員

ekspedient

收銀機

kasse

收銀員

kasserer

購物清單

indkøbsliste

開放時間

åbningstider

錢包

tegnebog

信用卡

kreditkort

袋子

taske

塑膠袋

plasticpose

水

vand

果汁

saft

牛奶

mælk

可樂

cola

紅酒

vin

啤酒

øl

酒

alkohol

可可

kakao

茶

te

咖啡

kaffe

義式濃縮咖啡

espresso

卡布奇諾

cappuccino

香蕉

banan

蘋果

æble

柳丁

appelsin

西瓜

melon

檸檬

citron

胡蘿蔔

gulerod

大蒜

hvidløg

竹子

bambus

洋蔥

løg

蘑菇

svamp

堅果

nødder

麵條

nudler

義大利麵

spaghetti

米飯

ris

沙拉

salat

薯條

pomfritter

炸馬鈴薯

stegte kartofler

披薩餅

pizza

漢堡

hamburger

三明治

sandwich

炸豬排

schnitzel

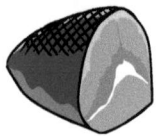

火腿

skinke

義大利臘腸

salami

香腸

pølse

雞肉

kylling

烤肉

steg

魚

fisk

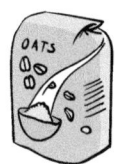

燕麥片

havregryn

木斯里

mysli

玉米片

cornflakes

麵粉

mel

牛角麵包

croissant

麵包捲

rundstykke

麵包

brød

吐司

toast

餅乾

kiks

奶油

smør

凝乳

kvark

蛋糕

kage

蛋

æg

煎蛋

spejlæg

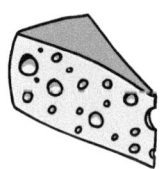

起司

ost

冰淇淋

is

糖

sukker

蜂蜜

honning

果醬

marmelade

巧克力醬

nougat-creme

咖哩

karry

農場

bondegård

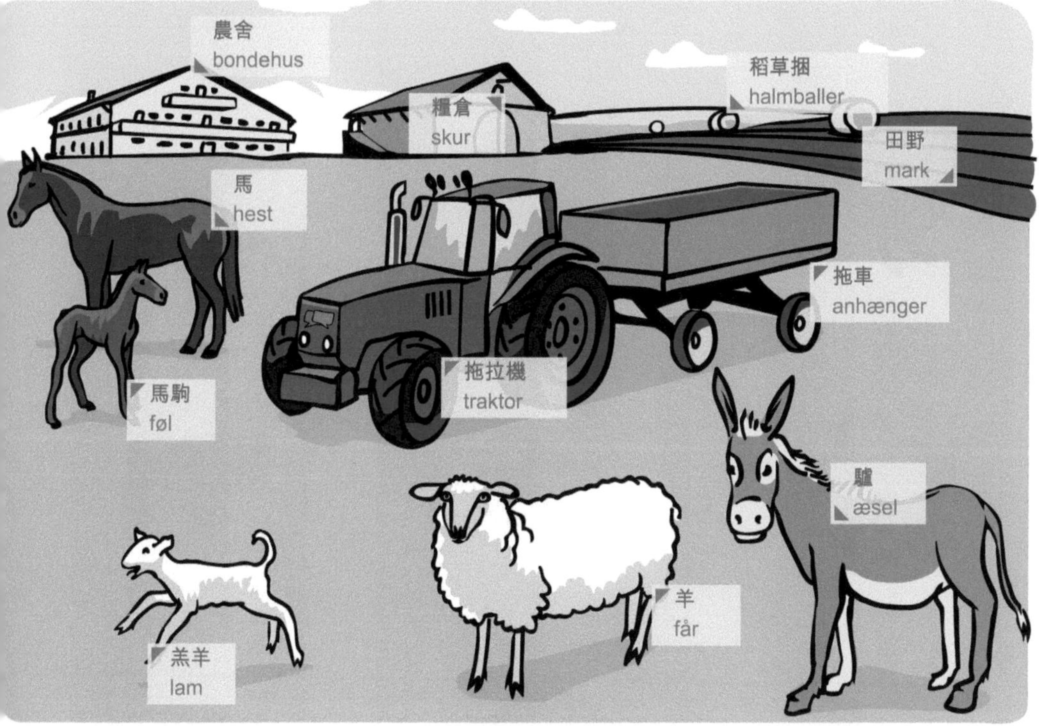

農舍
bondehus
糧倉
skur
稻草捆
halmballer
田野
mark
馬
hest
拖車
anhænger
拖拉機
traktor
馬駒
føl
驢
æsel
羊
får
羔羊
lam

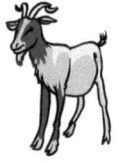

山羊

ged

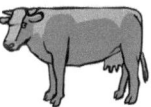

奶牛

ko

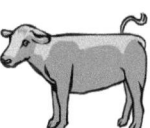

小牛

kalv

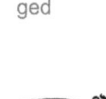

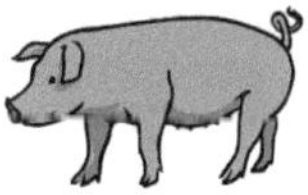

豬

svin

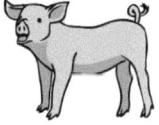

小豬

gris

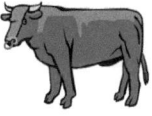

公牛

tyr

鵝

gås

鴨

and

小雞

kylling

母雞

høne

公雞

hane

鼠

rotte

貓

kat

老鼠

mus

牛

okse

狗

hund

狗屋

hundehus

花園澆水軟管

haveslange

澆水壺

vandkande

長柄大鐮刀

le

犁

plov

鐮刀

segl

鋤頭

hakkejern

長柄草耙

møggreb

斧頭

økse

獨輪手推車

trillebør

飼料槽

trug

牛奶罐

mælkekande

麻布袋

sæk

柵欄

hæk

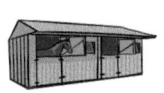

馬廄

stald

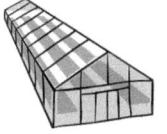

溫室

drivhus

土壤

jord

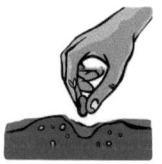

種子

frø

肥料

gødning

聯合收割機

mejetærsker

農場 - bondegård

收割

høste

收割

høst

地瓜

yams

小麥

hvede

大豆

soja

土豆

kartoffel

玉米

majs

油菜籽

raps

果樹

frugttræ

樹薯

maniok

穀物

korn

房子

hus

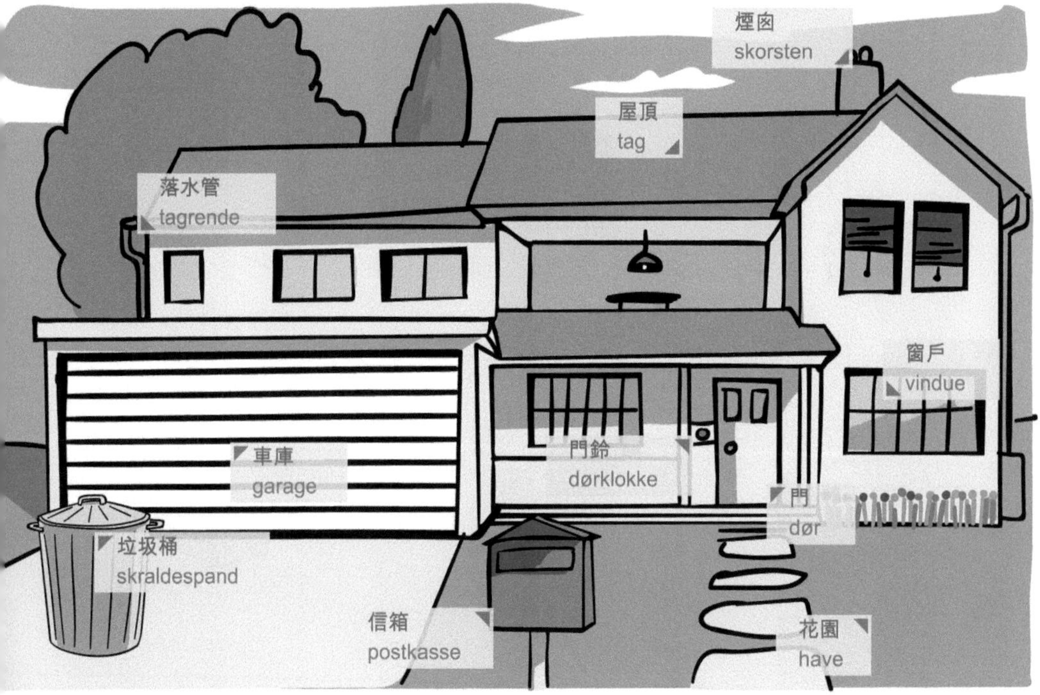

煙囪
skorsten
屋頂
tag
落水管
tagrende
窗戶
vindue
車庫
garage
門鈴
dørklokke
門
dør
垃圾桶
skraldespand
信箱
postkasse
花園
have

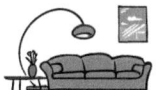

客廳

stue

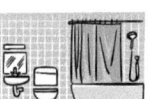

浴室

badeværelse

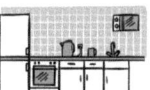

廚房

køkken

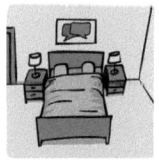

臥室

soveværelse

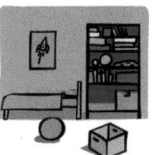

兒童房

børneværelse

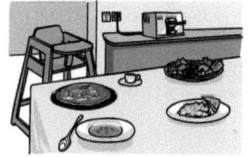

餐廳

spisestue

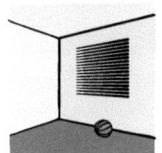

地板
gulv

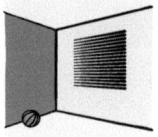

牆壁
væg

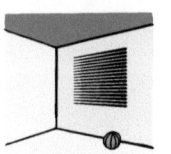

天花板
loft

地窖
kælder

三溫暖
sauna

陽臺
altan

露臺
terrasse

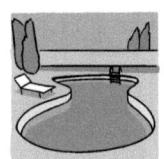

游泳池
svømmehal

割草機
plæneklipper

被單
dynebetræk

床罩
dyne

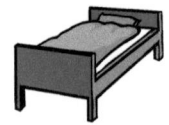

床
seng

掃帚
kost

水桶
spand

開關
kontakt

客廳

stue

壁紙
tapet
相片
billede
檯燈
lampe
擱架
reol
櫥櫃
skab
電視
fjernsyn
壁爐
pejs
花
blomst
墊子
pude
沙發
sofa
花瓶
vase
遙控器
fjernbetjening

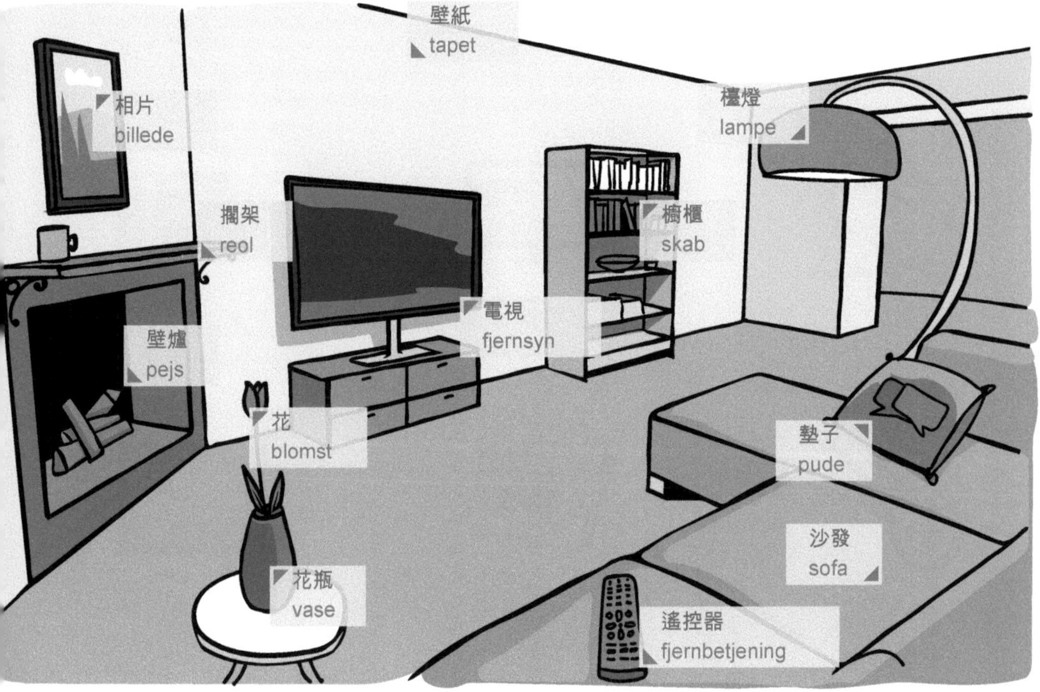

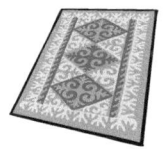

地毯

gulvtæppe

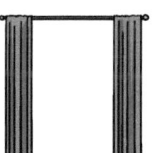

窗簾

gardin

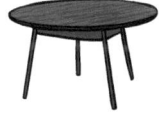

餐桌

bord

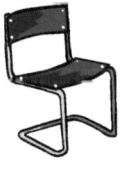

椅子

stol

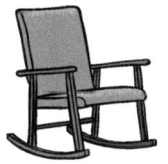

搖椅

gyngestol

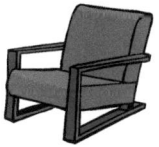

扶手椅

lænestol

書
bog

毯子
tæppe

裝飾品
dekoration

木柴
brænde

電影
film

高傳真音響
stereoanlæg

鑰匙
nøgle

報紙
avis

油畫
maleri

海報
plakat

收音機
radio

筆記本
notesblok

吸塵器
støvsuger

仙人掌
kaktus

蠟燭
lys

廚房

køkken

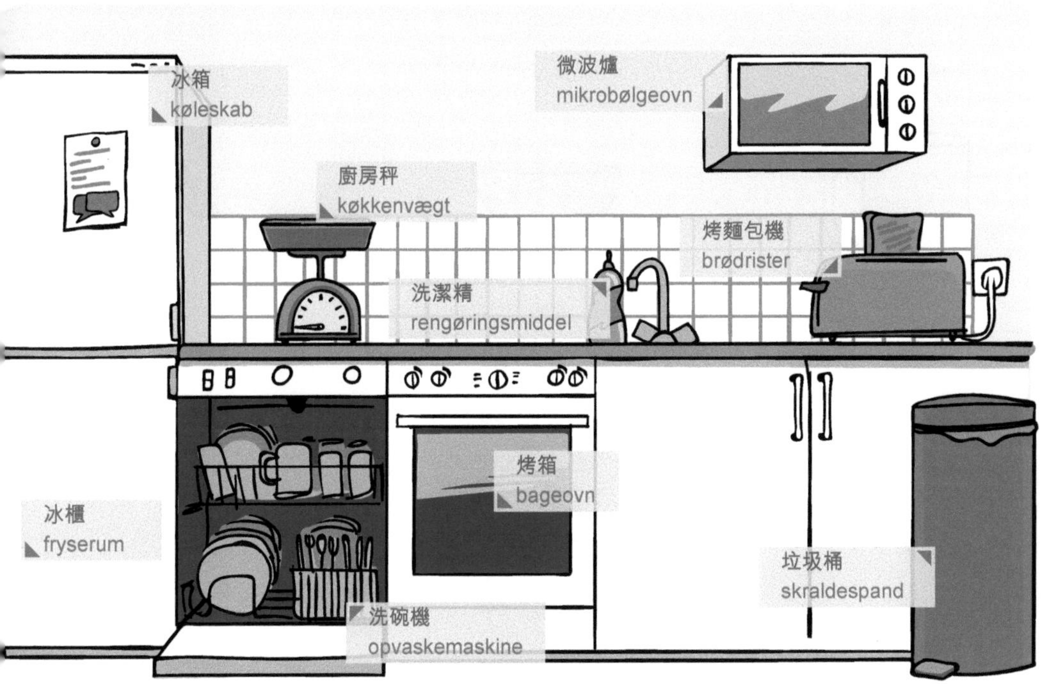
冰箱
køleskab
微波爐
mikrobølgeovn
廚房秤
køkkenvægt
烤麵包機
brødrister
洗潔精
rengøringsmiddel
烤箱
bageovn
冰櫃
fryserum
垃圾桶
skraldespand
洗碗機
opvaskemaskine

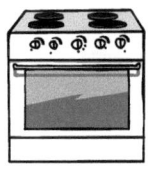

炊具

komfur

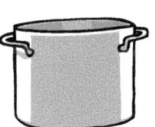

鍋

gryde

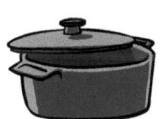

鑄鐵鍋

jerngryde

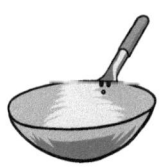

炒鍋

wok / kadai

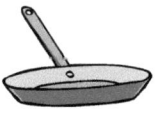

平底鍋

pande

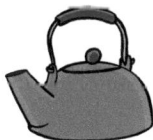

水壺

elkedel

蒸鍋

dampkoger

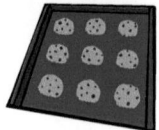

烤盤

bageplade

陶瓷鍋

service

馬克杯

bæger

碗

skål

筷子

spisepinde

長柄勺

øseske

鏟子

paletkniv

攪拌器

piskeris

濾網

dørslag

篩子

si

磨碎機

rive

研缽

morter

燒烤

grille

明火

ildsted

菜板

skærebræt

擀麵杖

kagerulle

開瓶器

proptrækker

罐子

dåse

開罐器

dåseåbner

隔熱手套

grydelap

水槽

køkkenvask

刷子

børste

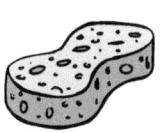

海綿

svamp

攪拌機

blender

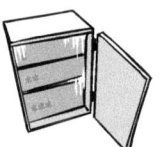

冷藏箱

dybfryser

奶瓶

sutteflaske

水龍頭

vandhane

浴室

badeværelse

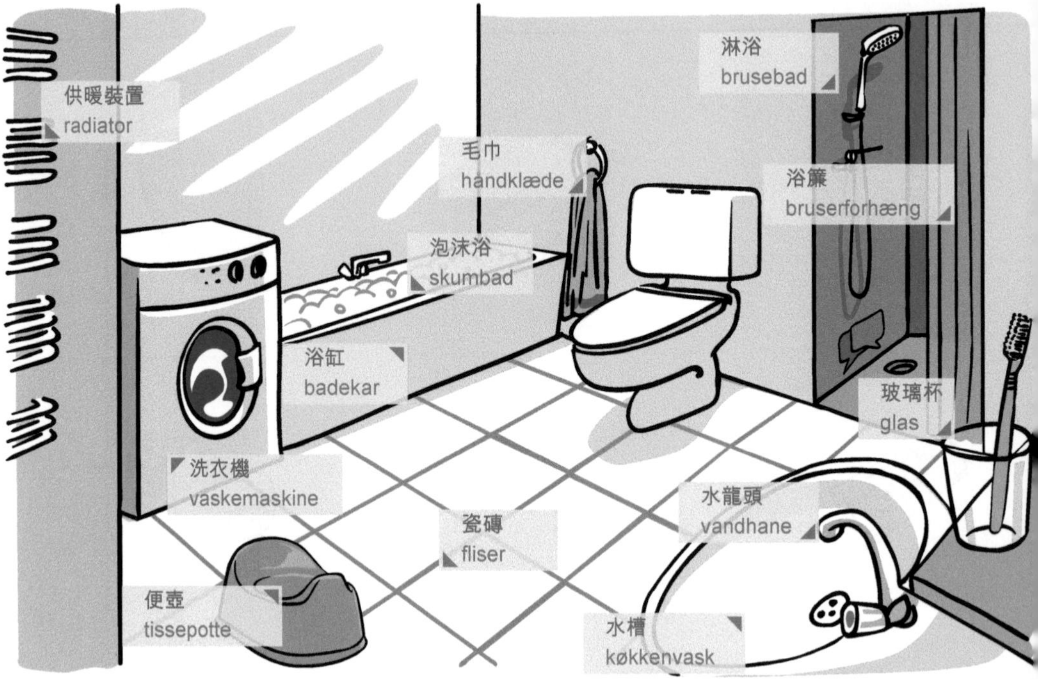

淋浴
brusebad
供暖裝置
radiator
毛巾
handklæde
浴簾
bruserforhæng
泡沫浴
skumbad
浴缸
badekar
玻璃杯
glas
洗衣機
vaskemaskine
水龍頭
vandhane
瓷磚
fliser
便壺
tissepotte
水槽
køkkenvask

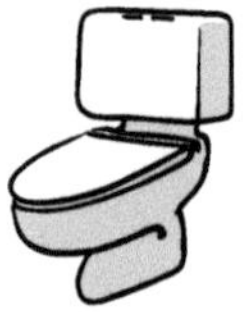

廁所

toilet

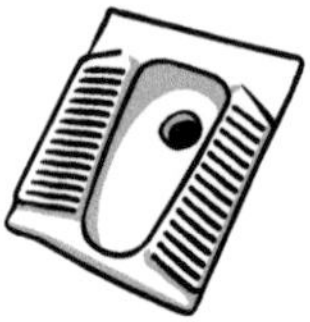

蹲便器

hugsiddende toilet

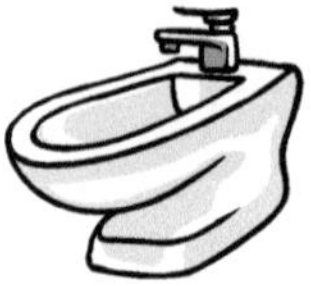

坐浴器

bidet

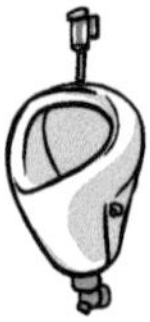

小便斗

pissoir

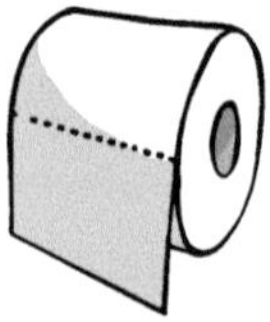

廁紙

toiletpapir

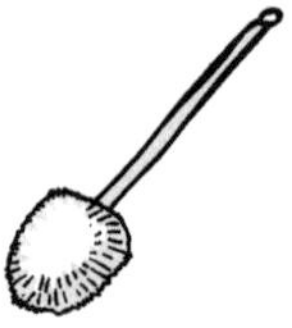

馬桶刷

toiletbørste

牙刷

tandbørste

牙膏

tandpasta

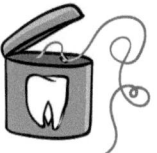

牙線

tandtråd

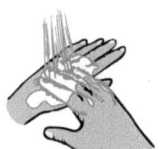

洗

vaske

手持式蓮蓬頭

håndbruser

沖洗器

intimbruser

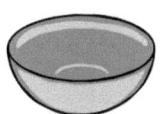

洗臉盆

vaskefad

洗背刷

badebørste

肥皂

sæbe

沐浴露

brusegele

洗髮乳

shampoo

法蘭絨

vaskeklud

排水

afløb

乳霜

creme

除臭劑

deodorant

鏡子

spejl

手鏡

kosmetikspejl

刮鬍刀

barberhøvl

刮鬍泡沫

barberskum

鬍後水

barbervand

梳子

kam

刷子

børste

吹風機

hårtørrer

噴髮定型劑

hårspray

化妝品

makeup

唇膏

læbestift

指甲油

neglelak

化妝棉

vat

指甲剪

neglesaks

香水

parfume

洗漱包

toilettaske

凳子

skammel

計重秤

vægt

浴袍

badekåbe

橡膠手套

gummihandsker

衛生棉條

tampon

衛生棉

damebind

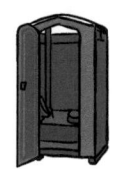

化學廁所

kemisk toilet

兒童房

børneværelse

鬧鐘
vækkeur
毛絨玩具
bamse
玩具車
legetøjsbil
撥浪鼓
skralde
玩具屋
dukkehus
禮物
gave

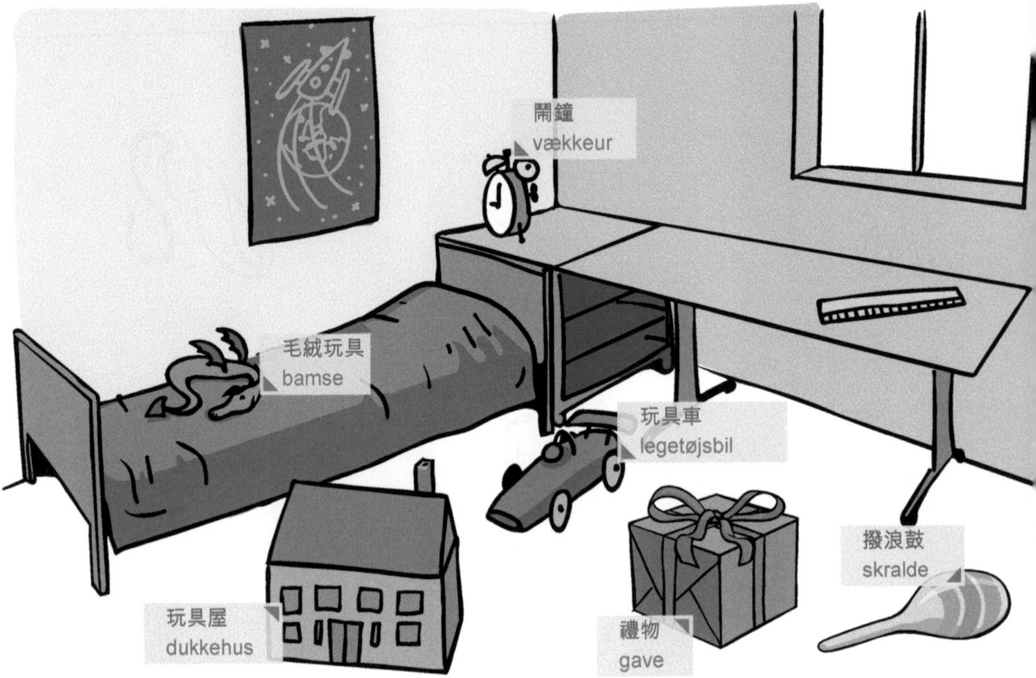

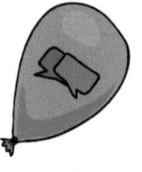

氣球

ballon

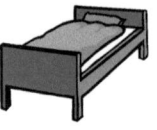

床

seng

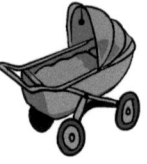

嬰兒車

barnevogn

撲克牌

kortspil

拼圖

puslespil

SUPER
MEGA

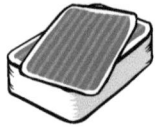

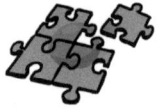

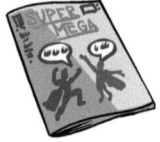

漫畫

tegneserie

樂高積木
legoklodser

積木玩具
byggeklodser

公仔
action figur

嬰兒服
sparkedragt

飛盤
frisbee

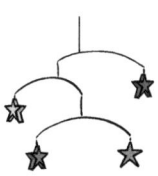

床鈴玩具
uro

棋盤遊戲
brætspil

骰子
terning

火車模型
modeljernbane

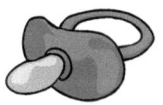

安撫奶嘴
sut

派對
fest

繪本
billedbog

球
bold

洋娃娃
dukke

玩
lege

沙坑

sandkasse

鞦韆

gynge

玩具

legetøj

電玩遊戲

spillekonsol

三輪車

trehjulet cykel

泰迪熊

bamse

衣櫃

klædeskab

衣服

tøj

襪子

sokker

長襪

strømper

緊身褲

strømpebukser

圍巾
sjal

雨傘
paraply

T恤
T-shirt

皮帶
bælte

靴子
støvler

拖鞋
hjemmesko

運動鞋
sneakers

涼鞋
sandaler

鞋
sko

雨靴
gummistøvler

內褲
underbukser

胸罩
BH

背心
undertrøje

身體

body

褲子

bukser

牛仔褲

jeans

短裙

nederdel

女式襯衫

bluse

襯衫

skjorte

套頭衫

pullover

連帽上衣

sweatshirt

西裝夾克

blazer

夾克

jakke

外套

frakke

雨衣

regnfrakke

套裝

kostume

連衣裙

kjole

婚紗

brudekjole

衣服 - tøj

西裝

jakkesæt

睡袍

nattrøje

睡衣

pyjamas

莎麗

sari

頭巾

hovedtørklæde

包頭巾

turban

波卡

burka

卡夫坦

kaftan

(阿拉伯式)長袍

abaya

泳衣

badedragt

男式泳褲

badebukser

短褲

korte bukser

運動服

træningsdragt

圍裙

forklæde

手套

handsker

鈕扣

knap

眼鏡

briller

手鏈

armbánd

項鍊

kæde

戒指

ring

耳環

ørering

便帽

hue

衣架

bøjle

帽子

hat

領帶

slips

拉鍊

lynlás

安全帽

hjelm

背帶

seler

校服

skoleuniform

制服

uniform

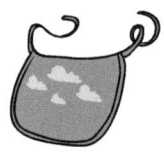

圍兜

hagesmæk

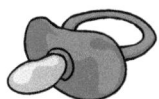

安撫奶嘴

sut

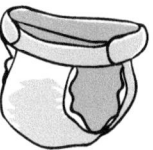

尿布

ble

辦公室

kontor

伺服器
server
檔案櫃
arkivskab
印表機
printer
紙
papir
螢幕
skærm
滑鼠
mus
辦公桌
skrivebord
資料夾
mappe
鍵盤
tastatur
廢紙簍
papirkurv
電腦
computer
椅子
stol

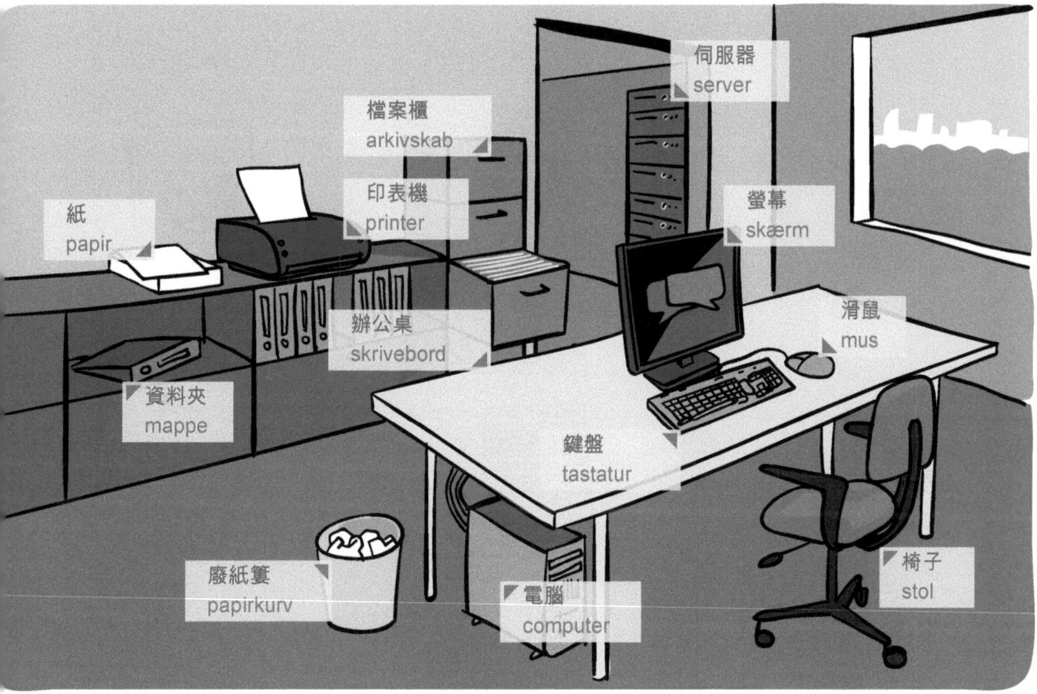

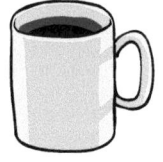

咖啡杯

kaffekrus

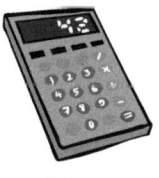

計算機

lommeregner

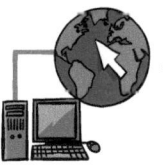

網際網路

internet

筆記型電腦
bærbar

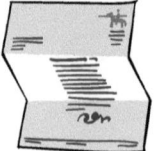

信件
brev

簡訊
besked

行動電話
mobil

網路
netværk

影印機
kopimaskine

軟體
software

電話
telefon

插座
stikdåse

傳真機
fax

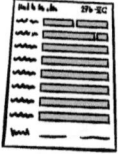

表格
formular

檔案
dokument

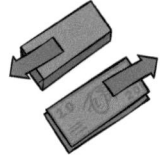

買

købe

付錢

betale

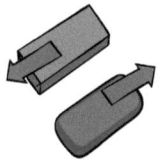

交易

handle

現金

penge

美元

dollar

歐元

euro

日元

yen

盧布

rubel

瑞士法郎

schweizerfranc

人民幣

renminbi yuan

盧比

rupee

提款處

hæveautomat

外幣兌換處

vekselkontor

金

guld

銀

sølv

石油

olie

能源

energi

價格

pris

合約

kontrakt

稅金

skat

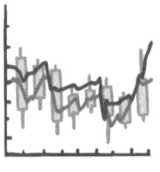

股票

aktie

工作

arbejde

職員

ansat

老闆

arbejdsgiver

工廠

fabrik

商店

butik

警官
politimand

消防員
brandmand

廚師
kok

醫師
læge

飛行員
pilot

園丁

gartner

木匠

tømrer

裁縫

syerske

法官

dommer

化學家

kemiker

演員

skuespiller

公車司機

buschauffør

計程車司機

taxachauffør

漁夫

fisker

清洗女工

rengøringskone

屋頂工

tagdækker

服務生

tjener

獵人

jæger

畫家

maler

麵包師

bager

電工

elektriker

建築工人

bygningsarbejder

工程師

ingeniør

屠夫

slagter

水管工

vvs-mand

郵差

postbud

士兵

soldat

建築師

arkitekt

收銀員

kasserer

花農

blomsterhandler

理髮師

frisør

售票員

togfører

機械技師

mekaniker

船長

kaptajn

牙醫

tandlæge

科學家

videnskabsmand

拉比

rabbiner

伊瑪目

imam

和尚

munk

牧師

præst

工具
værktøj

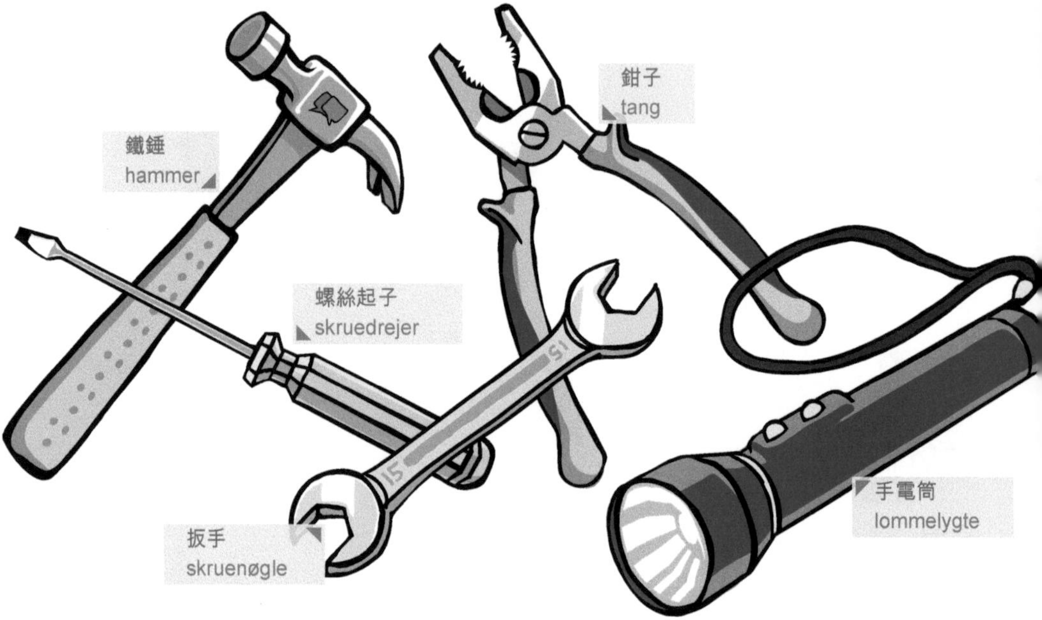
鐵錘
hammer
鉗子
tang
螺絲起子
skruedrejer
扳手
skruenøgle
手電筒
lommelygte

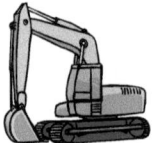

挖掘機

gravemaskine

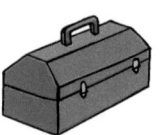

工具箱

værktøjskasse

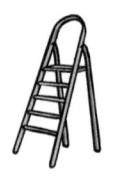

梯子

stige

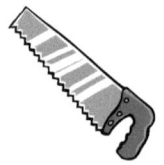

鋸子

sav

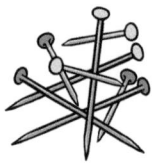

釘子

søm

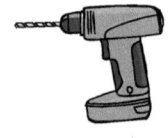

鑽機

bor

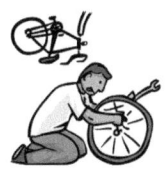

修

reparere

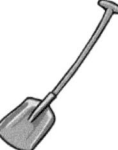

鏟子

skovl

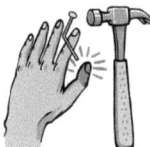

糟糕！

Lort!

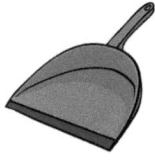

畚箕

fejebakke

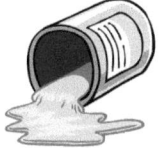

油漆桶

malerspand

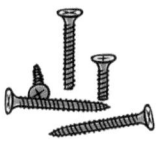

螺絲

skruer

樂器
musikinstrumenter

揚聲器
højttaler
打擊樂器
trommer
低音提琴
kontrabas
小號
trompet
吉他
guitar

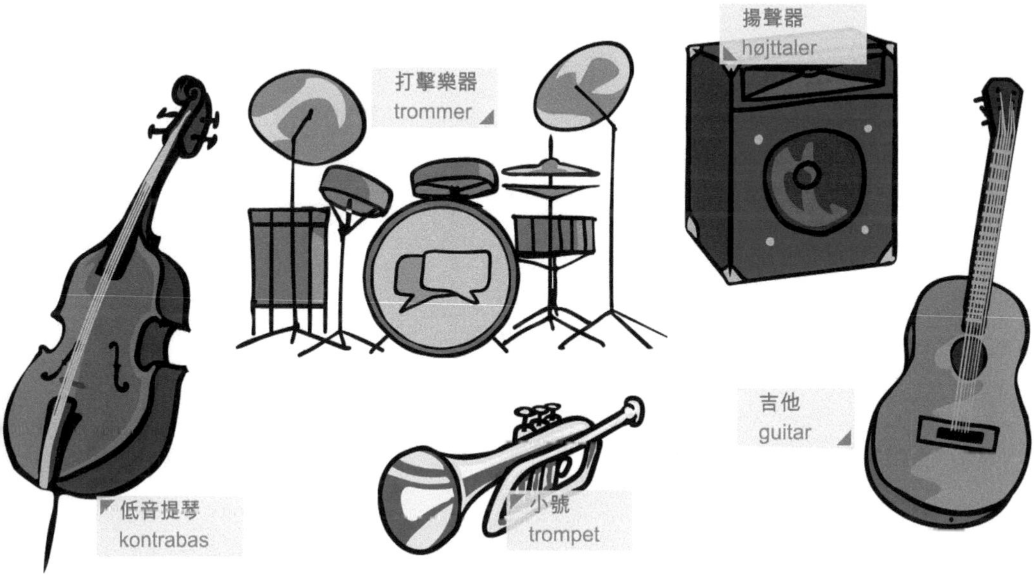

鋼琴
klaver

小提琴
violin

貝斯
bas

定音鼓
pauke

鼓
tromme

電子琴
keyboard

薩克斯風
saxofon

長笛
fløjte

麥克風
mikrofon

動物園

ZOO

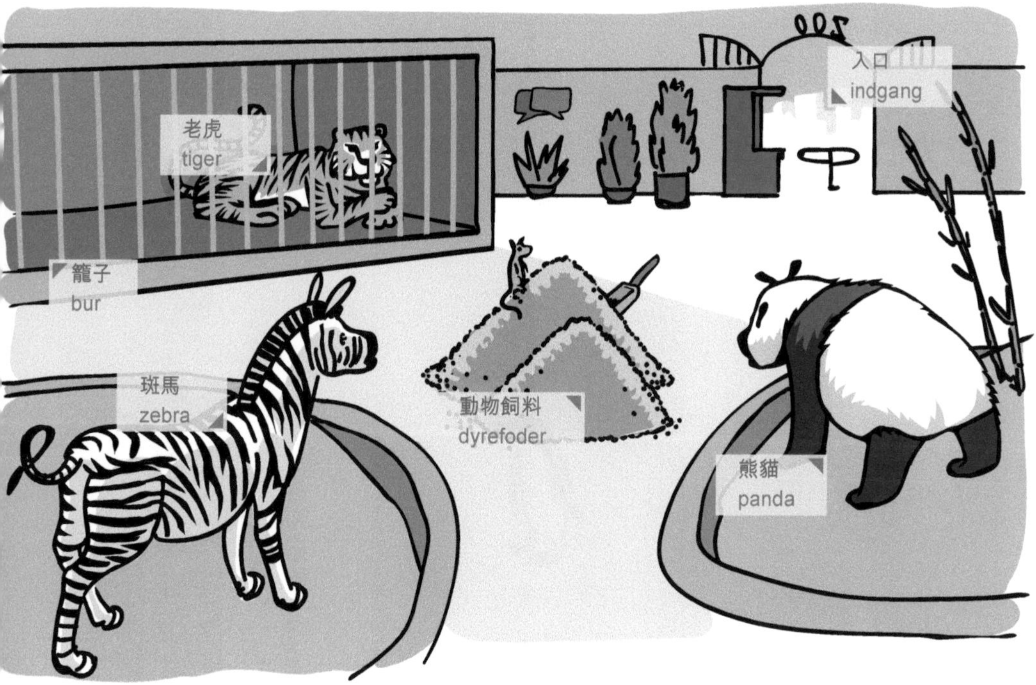
老虎
tiger
籠子
bur
斑馬
zebra
動物飼料
dyrefoder
入口
indgang
熊貓
panda

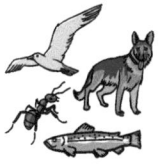

動物

dyr

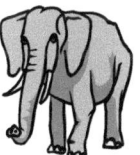

大象

elefant

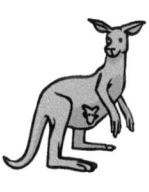

袋鼠

kænguru

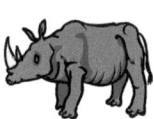

犀牛

næsehorn

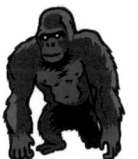

大猩猩

gorilla

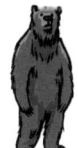

熊

bjørn

駱駝

kamel

鴕鳥

struds

獅子

løve

猴子

abe

紅鶴

flamingo

鸚鵡

papegøje

北極熊

isbjørn

企鵝

pingvin

鯊魚

haj

孔雀

påfugl

蛇

slange

鱷魚

krokodille

動物園管理員

dyrepasser

海豹

sæl

美洲豹

jaguar

矮種馬

pony

豹

leopard

河馬

flodhest

長頸鹿

giraf

老鷹

ørn

野豬

vildsvin

魚

fisk

龜

skildpadde

海象

hvalros

狐狸

ræv

羚羊

gazelle

體育
sport

橄欖球
amerikansk football

騎腳踏車
cykling

網球
tennis

籃球
basketball

游泳
svømning

拳擊
boksning

冰球
ishockey

美式足球
fodbold

羽毛球
badminton

田徑
atletik

手球
håndbold

滑雪
skiløb

馬球
polo

跳
springe

擁抱
give et knus

笑
grine

走路
gå

唱
synge

祈禱
bede

親吻
kysse

做夢
drømme

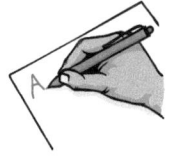

書寫
skrive

畫
tegne

展示
vise

推
skubbe

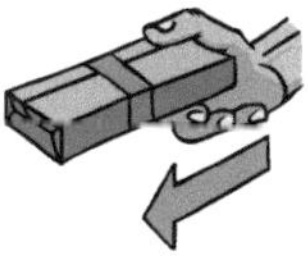

給
give

拿
tage

有

have

做

gøre

當

være

站

stå

跑

løbe

拉

trække

丟

kaste

摔倒

falde

躺

ligge

等待

vente

攜帶

bære

坐

sidde

穿衣

tage på

睡覺

sove

醒來

vågne

看
se på

哭
græde

擊
ae

梳頭
kæmme

交談
tale

明白
forstå

問
spørge

聽
høre

喝
drikke

吃
spise

清理
rydde op

愛
elske

做飯
koge

開車
køro

飛
flyve

活動 - aktiviteter 65

航行

sejle

計算

regne

讀

læse

學習

lære

工作

arbejde

結婚

gifte sig med

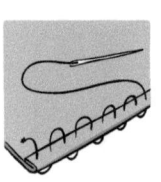

縫

sy

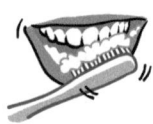

刷牙

børste tænder

殺

dræbe

抽菸

ryge

寄

sende

祖母
bedstemor

祖父
bedstefar

父親
far

母親
mor

嬰兒
baby

女兒
datter

兒子
søn

客人
gæst

阿姨
tante

叔叔
onkel

兄弟
bror

姐妹
søster

身體

krop

前額
pande
眼睛
øje
肩膀
skulder
手指
finger
臉
ansigt
下巴
hage
手
hånd
腿
ben
乳房
bryst
手臂
arm

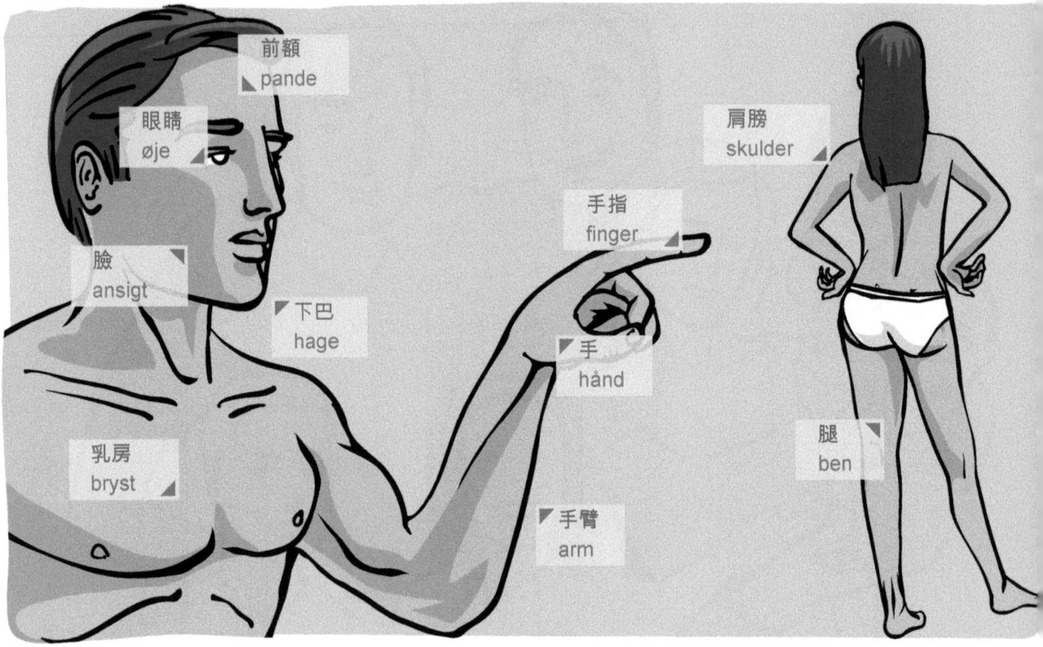

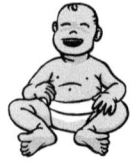

嬰兒
baby

男人
mand

女人
kvinde

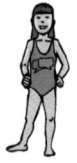

女孩
pige

男孩
dreng

頭
hoved

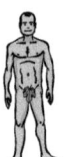

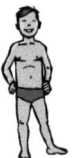

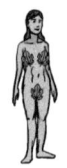

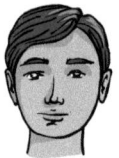

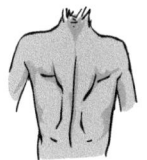

背部

ryg

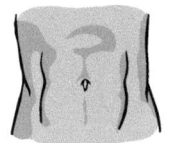

肚子

mave

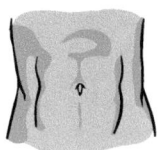

肚臍

navle

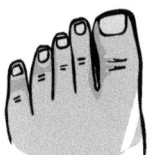

腳趾

tå

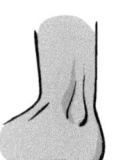

腳後跟

hæl

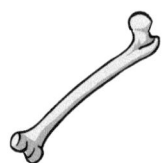

骨頭

knogle

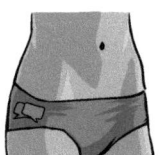

臀部

hofte

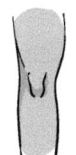

膝蓋

knæ

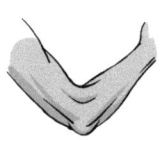

手肘

albue

鼻子

næse

屁股

bagdel

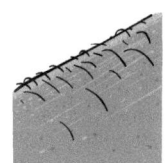

皮膚

hud

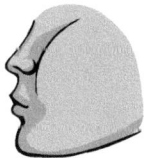

臉頰

kind

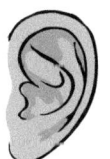

耳朵

øro

嘴唇

læbe

嘴

mund

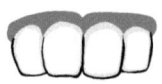

牙齒

tand

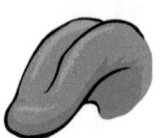

舌頭

tunge

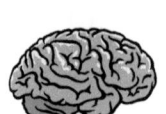

腦

hjerne

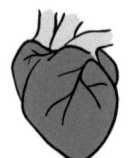

心臟

hjerte

肌肉

muskel

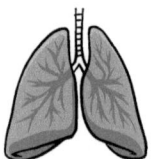

肺

lunge

肝臟

lever

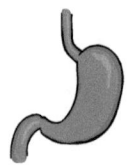

胃

mavesæk

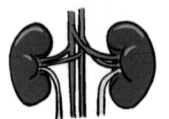

腎臟

nyrer

性交

sex

保險套

kondom

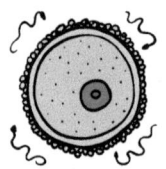

卵子

ægcelle

精子

sperm

懷孕

svangerskab

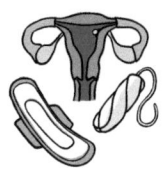

月事

menstruation

陰道

vagina

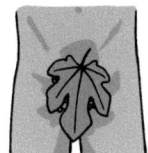

陰莖

penis

眉毛

øjenbryn

頭髮

hår

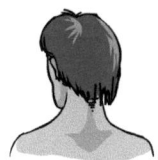

脖子

hals

sygehus

醫院
sygehus

急救車
ambulance

輪椅
kørestol

骨折
brud

醫師

læge

急診室

akutmodtagelse

護理師

sygeplejerske

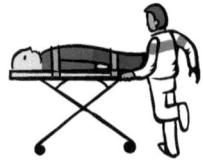

緊急情形

nødstilfælde

昏迷

bevidstløs

痛

smerte

受傷

skade

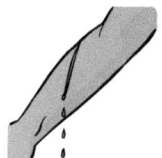

出血

blødning

心臟病發作

hjerteinfarkt

中風

slagtilfælde

過敏

allergi

咳嗽

hoste

發燒

feber

流感

influenza

腹瀉

diarré

頭痛

hovedpine

癌症

kræft

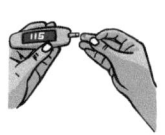

糖尿病

diabetes

外科醫師

kirurg

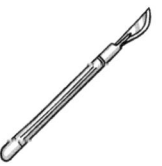

手術刀

 skalpol

手術

operation

電腦斷層掃描
CT

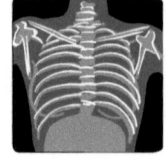

X光
røntgen

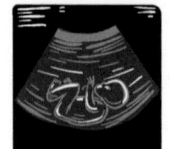

超音波
ultralyd

口罩
maske

疾病
sygdom

候診室
venteværelse

拐杖
krykke

石膏
plaster

繃帶
forbinding

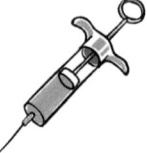

注射
injektion

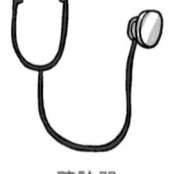

聽診器
stetoskop

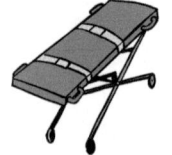

擔架
båre

體溫計
termometer

出生
fødsel

超重
overvægt

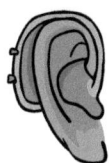

助聽器

høreapparat

消毒液

desinficerende middel

感染

infektion

病毒

virus

愛滋病

HIV / AIDS

藥物

medicin

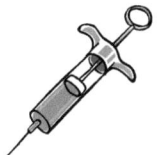

接種疫苗

vaccination

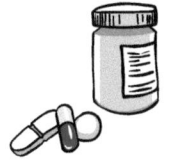

藥片

tabletter

藥丸

pille

急救電話

nødopkald

血壓計

blodtryksmåler

生病/健康

syg / rask

醫院 - sygehus

75

救命！

Hjælp!

警報

alarm

突擊

overfald

攻擊

angreb

危險

fare

緊急出口

nødudgang

失火了！

Det brænder!

滅火器

ildslukker

意外

uheld

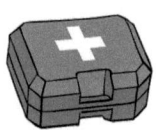

急救箱

førstehjælps-kuffert

呼救訊號

SOS

員警

politi

歐洲

Europa

北美洲

Nordamerika

南美洲

Sydamerika

非洲

Afrika

亞洲

Asien

澳洲

Australien

大西洋

Atlanterhavet

太平洋

Stillehavet

印度洋

Indiske Ocean

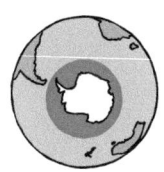

南冰洋

Sydlige Ishav

北冰洋

Ishav

北極

Nordpol

南極

Sydpol

南極洲

Antarktis

地球

Jorden

陸地

land

海

hav

島

ø

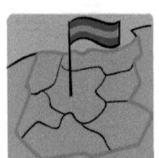

國家

nation

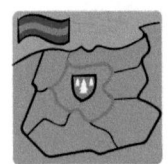

州

stat

錶盤

urskive

時針

timeviser

分針

minutviser

秒針

sekundviser

現在幾點？

Hvad er klokken?

天

dag

時間

tid

現在

nu

電子錶

digitalur

分

minut

時

time

週

uge

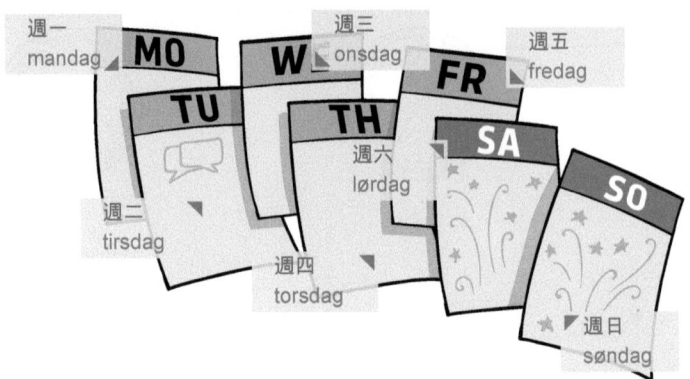

週一 mandag · 週三 onsdag · 週五 fredag · 週二 tirsdag · 週四 torsdag · 週六 lørdag · 週日 søndag

昨天

i går

今天

i dag

明天

i morgen

早晨

morgen

中午

middag

晚上

aften

工作日

arbejdsdage

週末

weekend

雨
▶ regn

彩虹
▶ regnbue

風
▶ vind

雪
sne

春
forår

秋
efterår

夏
sommer

冬
vinter

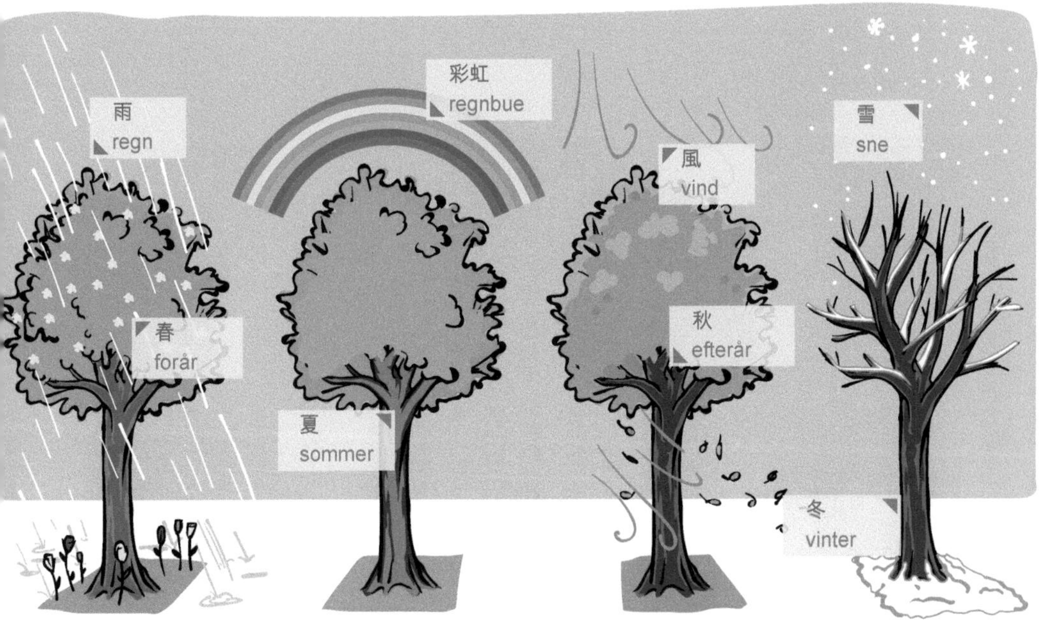

天氣預告

vejrudsigt

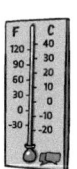

溫度計

termometer

陽光

solskin

雲

sky

霧

tåge

潮濕

luftfugtighed

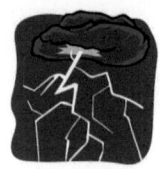

閃電

lyn

打雷

torden

風暴

storm

冰雹

hagl

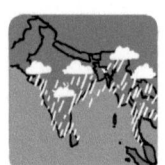

季風

monsun

洪水

flod

冰

is

一月

januar

二月

februar

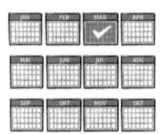

三月

marts

四月

april

五月

maj

六月

juni

七月

juli

八月

august

年 - år

九月

september

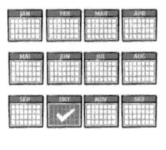

十月

oktober

十一月

november

十二月

december

形狀
former

圖形

cirkel

正方形

kvadrat

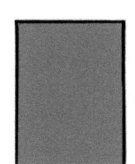

長方形

firkant

三角形

trekant

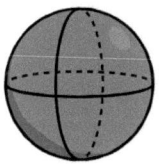

球體

kugle

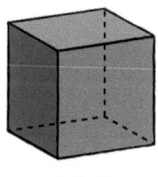

立方體

terning

白

hvid

黃

gul

橙

orange

粉

pink

紅

rød

紫

lilla

藍

blå

綠

grøn

棕

brun

灰

grå

黑

sort

很多/少許

meget / lidt

生氣/平靜

rasende / fredelig

美/醜

smuk / grim

首/尾

begyndelse / slut

大/小

stor / lille

明/暗

lys / mørk

兄弟/姐妹

bror / søster

乾淨/骯髒

ren / snavset

完整/缺失

fuldkommen / ufuldkommen

白天/晚上

dag / nat

死/生

død / levende

寬/窄

bred / smal

可食用/非食用

spiselig / uspiselig

邪惡/善良

vred / venlig

興奮/無聊

ophidset / kedet

胖/瘦

tyk / tynd

第一/最後

først / sidst

朋友/敵人

ven / fjende

滿/空

fuld / tom

硬/軟

hård / blød

重/輕

tung / let

餓/渴

sult / tørst

生病/健康

syg / rask

非法/合法

illegal / legal

聰明/愚笨

intelligent / dum

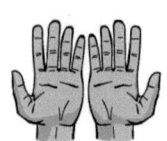

左/右

venstre / højre

近/遠

nær / fjern

新/舊

ny / brugt

沒有/有些

intet / noget

老/幼

gammel / ung

開/關

tændt / slukket

打開/闔上

åben / lukket

安靜/吵鬧

stille / højt

富/窮

rig / fattig

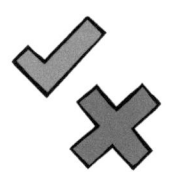

對/錯

rigtig / forkert

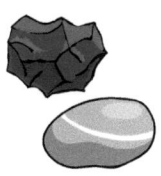

粗糙/光滑

ru / glat

傷心/高興

ked af det / lykkelig

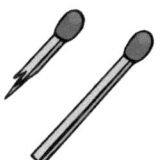

短/長

kort / lang

慢/快

langsom / hurtig

濕/乾

våd / tør

溫暖/涼爽

varm / kold

戰爭/和平

krig / fred

反義詞 - modsætninger

0

零
....
nul

1

一
....
en

2

二
....
to

3

三
....
tre

4

四
....
fire

5

五
....
fem

6

六
....
seks

7

七
....
syv

8

八
....
otte

9

九
....
ni

10

十
....
ti

11

十一
....
elleve

12

十二
tolv

13

十三
tretten

14

十四
fjorten

15

十五
femten

16

十六
seksten

17

十七
sytten

18

十八
atten

19

十九
nitten

20

二十
tyve

100

百
hundrede

1.000

千
tusinde

1.000.000

百萬
million

英語

engelsk

美式英語

amerikansk engelsk

普通話

kinesisk mandarin

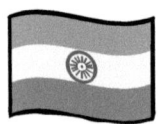

印地語

hindi

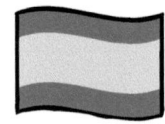

西班牙語

spansk

法語

fransk

阿拉伯語

arabisk

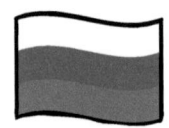

俄語

russisk

葡萄牙語

portugisisk

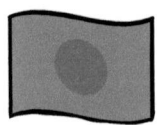

孟加拉語

bengalsk

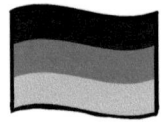

德語

tysk

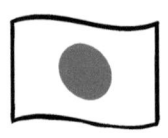

日語

japansk

我
jeg

你
du

他/她/它
han / hun / den / det

我們
vi

你們
I

他們
de

誰？
hvem?

什麼？
hvad?

如何？
hvordan?

何處？
hvor?

何時？
hvornår?

名字
navn

後面

bag

裡面

i

前面

foran

上方

over

上面

på

下麵

under

旁邊

ved siden af

中間

imellem

地點

sted